LOS INSECTOS

por Bettina Bird y Joan Short

Ilustraciones de Deborah Savin

MONDO

This edition first published in the United States in 1997 by
MONDO Publishing
By arrangement with MULTIMEDIA INTERNATIONAL (UK) LTD

The publisher would like to thank Louis N. Sorkin, BCE, Department of Entomology, American Museum of Natural History, for his assistance. The authors and publisher would also like to thank Densey Clyne, Mantis Wildlife, for her invaluable assistance in the preparation of this book.

Photograph Credits: Tony Stone Images: front cover; Phillip Green: pp. 5, 6, 8, 9 left, 12 left, 13 top right, 15 left, 16, 20, 27, 31, 41 left and bottom right, 42, 43 bottom; Adrian Horridge: p. 9 right; Densey Clyne: pp. 10, 13 left, 15 right, 37; Anthony Healy: pp. 12 right, 39, 41; Arthur Woods: pp. 13 bottom right, 26; Howard Birnstihl: pp. 43 top, 45.

For information contact:
MONDO Publishing
980 Avenue of the Americas, New York, NY 10018
Visit our website at www.mondopub.com

Printed in China
First Mondo printing, July 1997
09 10 11 12 13 PB 9 8 7
10 11 12 13 14 SP 9 8 7 6 5 4 3 2 1
ISBN 1-57255-216-6 (PB) ISBN 1-60175-605-4 (SP)
Originally published in Australia in 1988 by Horwitz Publications Pty Ltd
Original development by Robert Andersen & Associates and Snowball Educational
Designed by Deborah Savin Cover redesign by Charlotte Staub

Library of Congress Cataloging-in-Publication Data

Bird, Bettina.
Insects / by Bettina Bird and Joan Short ; illustrated by Deborah Savin.
p. cm. — (Mondo animals)
"Originally published in Australia in 1988 by Horwitz Publications"— T.p. verso
Includes index.
Summary: Describes the physical characteristics, life cycles, and behavior of insects in general, highlighting such types as silverfish, cicada, and butterflies.
1. Insects—Juvenile literature. [1. Insects.] I. Short, Joan. II. Savin, Deborah, ill. III. Title. IV. Series.
QL467.2.B37 1997
595.7—dc20 96-23059
CIP
AC

Cover: Praying Mantis

CONTENIDO

INTRODUCCIÓN

Los científicos creen que puede haber más de un millón de especies diferentes de insectos en el mundo, más que todas las demás especies de animales juntas.

Mariposas, polillas, escarabajos, cigarras, saltamontes, libélulas, hormigas, abejas, moscas, avispas y mosquitos son tipos de insectos, y existen muchos más.

Izquierda: Mariposa de seda
Arriba: Cigarra
Centro a la derecha: Avispa
Inferior derecha: Escarabajo joya

1 PRINCIPALES CARACTERÍSTICAS COMUNES DE LOS INSECTOS

Los insectos de todas las especies comparten algunas características. El cuerpo de todos los insectos está dividido en tres partes principales: la cabeza, el tórax (pecho) y el abdomen. Los insectos de la mayoría de las especies tienen seis patas, pero unos pocos no tienen ninguna. Los insectos adultos de la mayoría de las especies tienen dos pares de alas, pero algunas especies solamente tienen un par, y otras, ninguno. Todos los insectos tienen antenas. Las crías de la mayoría de las especies de insectos nacen de huevos, y todos los insectos jóvenes tienen un gran apetito.

El esqueleto de una hormiga es la cubierta exterior de su cuerpo. Esta cubierta del cuerpo se llama *exoesqueleto*, que significa "esqueleto exterior". El exoesqueleto está compuesto de segmentos que se unen para cubrir el cuerpo y las patas.

Hembra adulta de saltamontes de cuerno corto

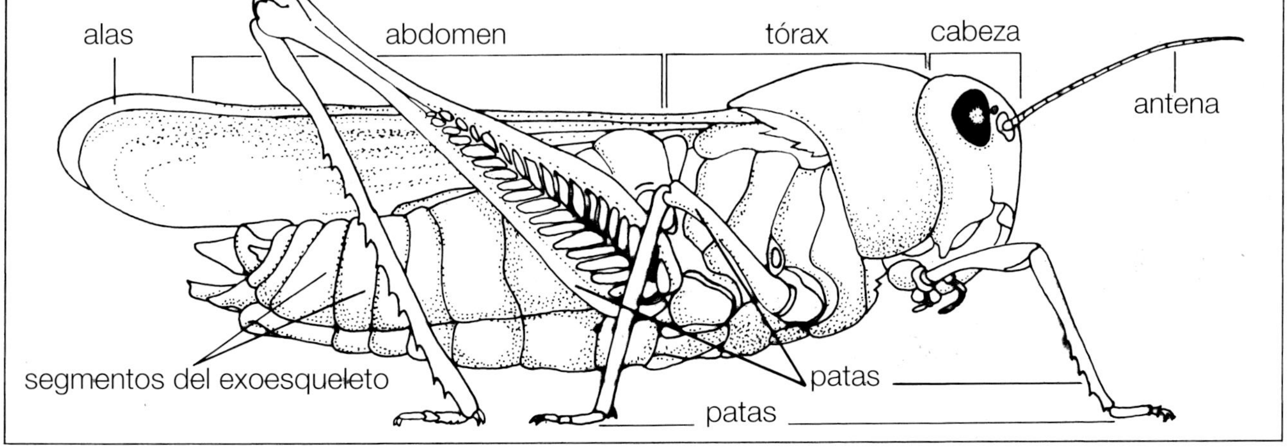

Enfrente: Escarabajos arlequín

El exoesqueleto de un insecto adulto es duro, a prueba de agua y algunas veces, de hermosos colores. Está hecho principalmente de una sustancia llamada *quitina*. Actúa como una armadura para proteger los órganos internos blandos y los músculos de los insectos.

El exoesqueleto de un insecto joven esta compuesto, en algunos casos, de una capa muy delgada de quitina. En otros casos es suave como una piel delgada. El exoesqueleto del insecto joven no se estira ni crece a medida que sus músculos u órganos internos aumentan de tamaño. Cuando la "piel" se vuelve muy tensa, el insecto la cambia. Hay una piel nueva y más grande bajo la piel vieja. El cambio de la piel vieja se llama *muda*. Los insectos jóvenes de todas las especies sufren mudas a medida que crecen.

Esta oruga de polilla ha cambiado su gastada piel.

EL CUERPO DE UN INSECTO ADULTO Y CÓMO FUNCIONA

LA CABEZA

En la cabeza de un insecto adulto están los ojos, las antenas (órganos sensoriales) y su aparato bucal.

Ojos

La mayoría de los insectos adultos tienen dos grandes ojos compuestos, uno a cada lado de la cabeza. Cada ojo compuesto tiene muchas lentes de seis lados que están unidas de manera perfecta. Cada lente ve una pequeñísima sección de lo que el insecto está mirando. El conjunto de las secciones proporciona una vista completa.

Además de ojos compuestos, muchos insectos (como las libélulas, los saltamontes, las abejas y las cigarras) tienen tres ojos simples en la parte superior de la cabeza. Estos ojos reciben el nombre *ocelos*. Éstos solamente pueden distinguir sombras y luces. Los insectos no tienen párpados, así que sus ojos están siempre abiertos.

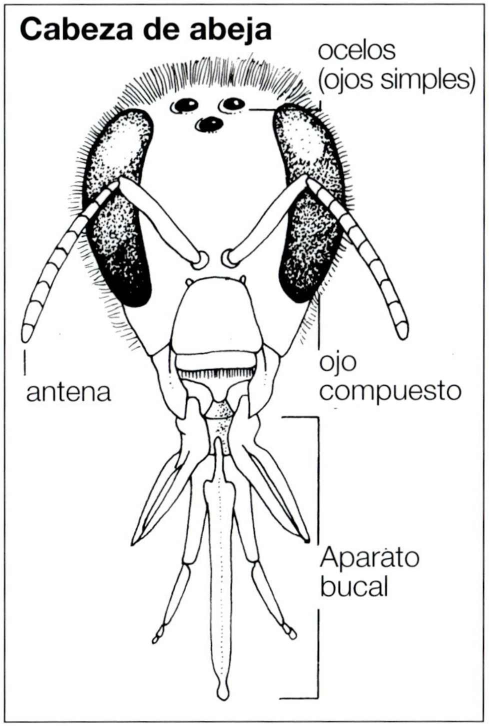

Izquierda: Ojos compuestos de una mosca ladrona. Las lentes de seis lados están unidas como las celdas de un panal.
Derecha: Ojos compuestos y los tres ocelos de una libélula. Cada ojo compuesto puede tener hasta 30,000 lentes. Los ocelos forman un triángulo entre los dos ojos compuestos.

Arriba: Las termitas trabajadoras ciegas saben por dónde ir porque tienen los sentidos del tacto, el gusto y el olfato muy desarrollados.

La mayoría de los insectos deben estar aproximadamente a tres pies (un metro) del objeto para verlo claramente. Los objetos que están más lejos se ven borrosos. Pero los insectos son rápidos para detectar movimientos, y muchos pueden diferenciar un color de otro. La libélula es uno de los pocos insectos con una buena visión a distancia.

Algunos insectos (como la termita soldado y la termita obrera en colonias de termitas) son completamente ciegos. Otros tienen mala visión. Estos insectos, al igual que los insectos excavadores, que viven en la oscuridad, y los insectos nocturnos, que están activos principalmente de noche, dependen de su sentidos del olfato, el gusto y el tacto para saber por dónde van.

Antenas

Las antenas de un insecto se ubican en la parte frontal de la cabeza, generalmente entre los dos ojos compuestos. Las antenas son particularmente sensibles al tacto y al olfato. Algunos insectos también usan sus antenas para distinguir sabores o sonidos. Los insectos tienen muchos tipos de antenas diferentes.

Algunos tipos de antenas

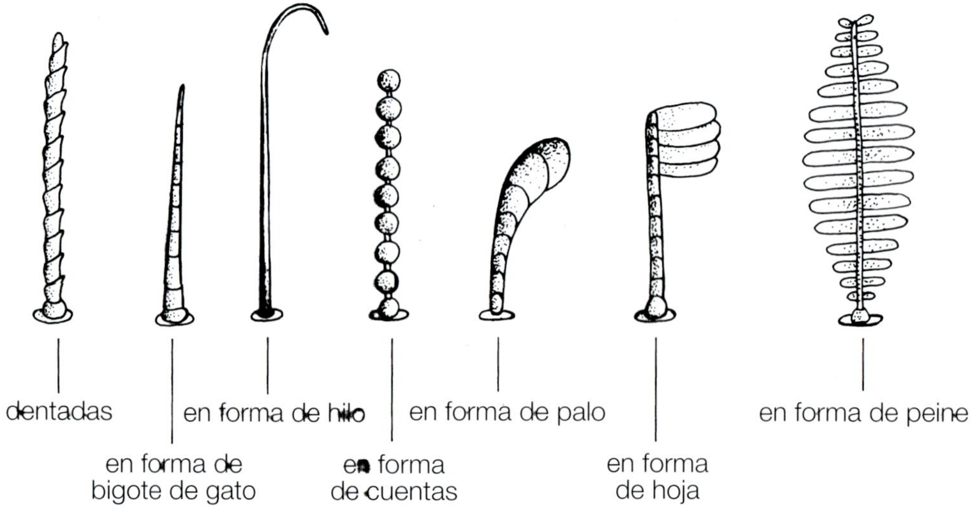

Aparato bucal

La boca de un insecto no es más que un orificio en la parte inferior de la cabeza. Un pliegue llamado *labrum*, o labio está adherido a la parte superior de la abertura de la boca. Hay varias partes bucales alrededor de la abertura de la boca que varían en forma según la especie, de acuerdo con la alimentación que tenga el insecto.

Los insectos que muerden y mastican su alimento (como los saltamontes) tienen dos pares de mandíbulas. El par del frente (*mandíbulas*) generalmente tiene dientes afilados. El segundo par (*maxilares*) está detrás de las mandíbulas. Los maxilares retienen la comida que está en la boca del insecto y la empujan por la garganta del insecto. Ambos pares de mandíbulas se mueven de manera lateral.

Los insectos que se alimentan de líquidos, como el néctar y la savia de las plantas, poseen un tubo largo para succionar. El tubo succionador es normalmente conocido como *probóscide*. La probóscide de la mariposa se enrosca debajo de la cabeza del insecto cuando no se alimenta.

Los insectos que perforan plantas para succionar savia (como las cigarras), o el cuero de los animales o la piel de los humanos para succionar sangre (como los mosquitos) tienen picos similares a agujas llamadas *estiletes* como parte de su tubo succionador. Los estiletes ayudan a perforar la fuente de alimento.

EL TÓRAX

El tórax es la parte del cuerpo del insecto entre la cabeza y el abdomen. Las patas y las alas de un insecto están unidas a segmentos del tórax. Los músculos que controlan los movimientos de las patas y las alas están unidos a las paredes internas de estos segmentos.

Cabeza de un saltamontes (Insecto mordedor y masticador)

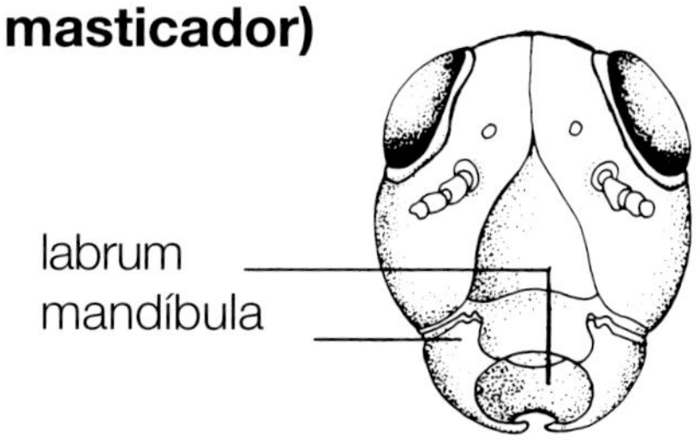

Cabeza de mariposa (Insecto succionador)

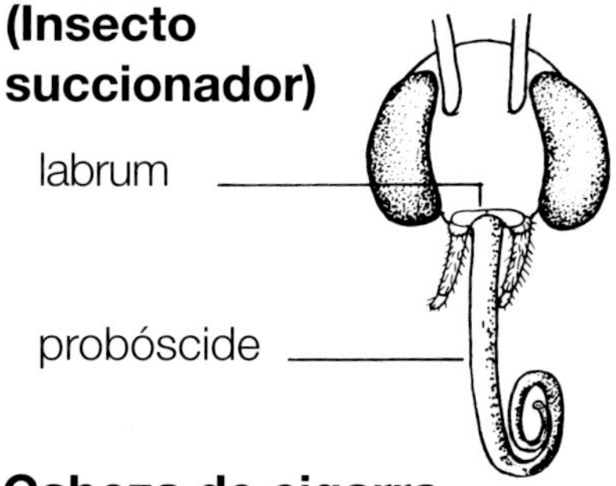

Cabeza de cigarra (Insecto perforador y succionador)

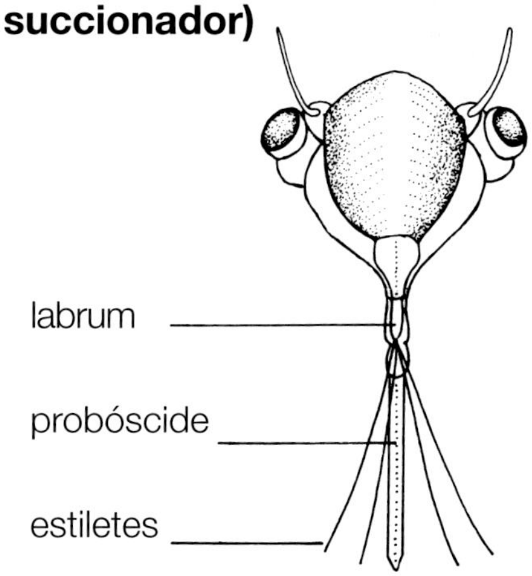

Pata trasera de abeja obrera

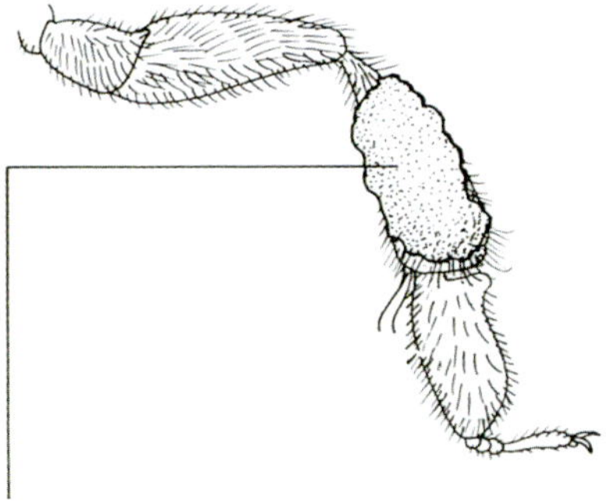

polen almacenado en las "canastas" de pelos

Izquierda: Una abeja obrera regresa a la colmena con las patas llenas de polen. *Derecha:* Una chinche de agua nada boca arriba usando sus patas traseras con bordes de pelos como remos.

Patas

Todos los insectos (excepto aquellos que no tienen patas) poseen tres pares de patas unidas. Cada par de patas está unida a un segmento del tórax. Las patas del insecto tienen afiladas garras que le permiten sujetarse a las hojas y ramas.

Muchos tipos de insectos tienen patas adaptadas a funciones especiales.

Las patas traseras del saltamontes son largas y fuertes y le permiten saltar con rapidez y cubrir distancias varias veces más grandes que su propio tamaño.

Algunos insectos acuáticos tienen patas traseras planas bordeadas por pelos que se expanden cuando los insectos nadan. Esas patas traseras funcionan como remos.

Las patas traseras de las abejas obreras tienen cavidades para transportar bolas de polen. Los pelos largos de las patas actúan como una especie de "canasta" para almacenar las bolas de polen de manera segura.

Algunas moscas tienen patas con almohadillas pegajosas que les permiten caminar boca arriba debajo de las superficies de ramas, hojas y pétalos.

Las patas de las mariposas tienen sensores gustativos especiales que les ayudan a encontrar alimento.

Alas

La mayoría de los insectos adultos tienen dos pares de alas, pero otros tienen solamente uno. Cada par de alas está unido a un segmento del tórax del insecto. Algunos insectos (como el pececillo de plata) no tienen alas.

Izquierda: Como todas las mariposas, la mariposa del huerto tiene dos pares de alas.
Superior derecha: Las moscas tienen sólo un par de alas.
Inferior derecha: Los pececillos de plata no tienen alas.

EL ABDOMEN

En el abdomen de un insecto adulto se encuentran el corazón, los órganos para digerir los alimentos y deshacerse de los desechos del cuerpo, y los órganos reproductores.

El corazón bombea sangre a todas las partes del cuerpo del insecto. La sangre de los insectos no es roja como la sangre humana, sino verdosa, amarillenta o sin color.

El estómago y los intestinos digieren los alimentos que el insecto come. Los desechos pasan por el ano, ubicado al final del abdomen.

La mayoría de los insectos hembra ponen huevos. Los huevos se forman en los ovarios, luego pasan por el oviducto a un tubo llamado *ovipositor*. En muchas especies el ovipositor se extiende desde el final del abdomen de la hembra mientras pone los huevos.

LA RESPIRACIÓN

El insecto adulto toma el oxígeno del aire a través de un pequeño orificio que se encuentra a cada lado de su tórax y abdomen. Estos orificios se llaman *espiráculos*. Los espiráculos conducen a los tubos llamados *tráqueas*, lubicados dentro del cuerpo del insecto. Cada tráquea conduce a un sistema de delgados tubos de aire llamados *traqueolas*. Las traqueolas también transportan el gas de desecho: el dióxido de carbono.

Hembra adulta de saltamontes de cuerno corto: corte transversal

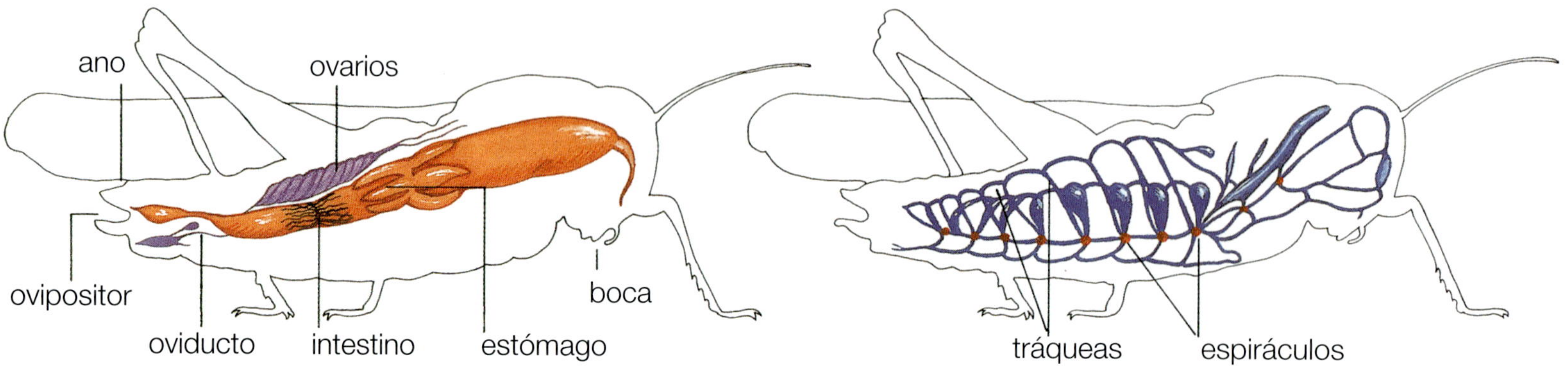

PRODUCCIÓN DE SONIDOS

Los insectos no tienen voz, pero muchos insectos producen sonidos de otras maneras. Los machos son los que usualmente producen sonidos para atraer a las hembras. La mayoría de las hembras no pueden producir sonidos; solamente los escuchan.

Algunos insectos producen sonidos al frotar una parte de su cuerpo contra otra. Este método se llama *estridulación*. Los saltamontes estridulan al frotar una pata trasera contra una parte de sus alas.

La cigarra macho posee una cavidad a cada lado de su abdomen. Hay una cubierta sobre cada cavidad que puede abrirse y cerrarse. Adentro hay una membrana que se extiende de manera muy tensa, llamada "timbal" o *tímpano*, que los músculos dentro del abdomen pueden hacer vibrar. Cuando la cigarra esta "cantando", la cubierta se abre, la membrana vibra, y la cavidad actúa como una cámara de sonido para producir un sonido alto, vibrante y agudo.

Interior de la pata trasera de un saltamontes macho

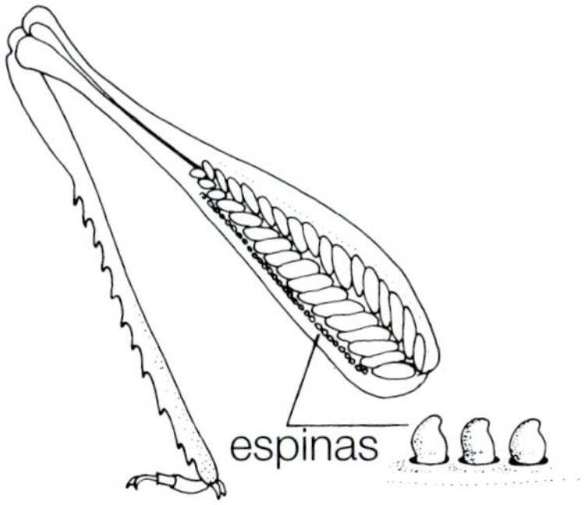

Una hilera de espinas duras en la parte interna de las patas roza una vena del ala delantera desplegable para producir el sonido del saltamontes.

Izquierda: Tímpanos en la parte inferior de una cigarra macho. La abertura de cada tímpano está cerrada.
Derecha: Saltamontes de cuerno largo estridulando.

OÍDO

La mayoría de los insectos con órganos de producción de sonido bien desarrollados tienen órganos auditivos bien desarrollados. Los órganos auditivos (orejas) de las aves y los mamíferos se ubican en la cabeza, pero los órganos auditivos de los insectos están en otras partes del cuerpo.

Algunos insectos tienen órganos auditivos llamados *órganos timpánicos*. Los órganos timpánicos tienen membranas delgadas y planas que vibran cuando las ondas de sonido las golpean. Los nervios transmiten mensajes al cerebro de los insectos que les permiten "oír" el sonido.

Los órganos timpánicos del saltamontes se ubican a cada lado del abdomen del insecto. El grillo tiene órganos timpánicos en sus patas delanteras. La cigarra posee un par de órganos timpánicos en la parte inferior del abdomen. Las membranas timpánicas de la cigarra macho se ubican en sus cavidades de producción de sonidos, detrás de las membranas vibradoras. Cuando una cigarra macho está cantando, las membranas timpánicas se retraen y evitan de ese modo que el insecto quede "sordo" por su propio sonido.

Otros insectos oyen a través de delicados pelos que se encuentran en sus antenas, o sobre otras partes del cuerpo. Las ondas de sonido que están en el aire provocan que los pelos se doblen o vibren, y los nervios envían mensajes al cerebro del insecto.

Pata delantera del grillo, que muestra el órgano timpánico

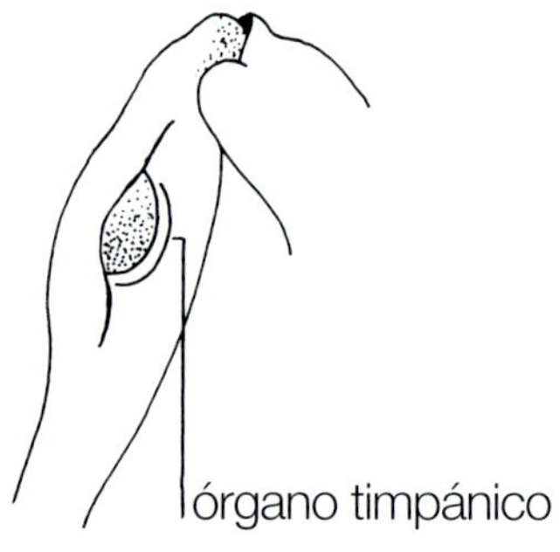

Abdomen del grillo, que muestra el órgano timpánico

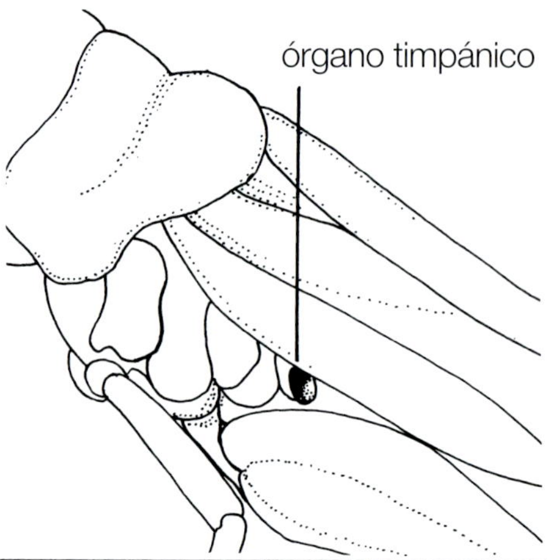

Derecha: El órgano timpánico de este saltamontes de cuerno corto sólo es visible en la parte del abdomen que está sobre la pata trasera.

2 CICLO DE VIDA DE LOS INSECTOS

Las crías de la mayoría de las especies pasan por varias etapas en su desarrollo desde que salen del huevo hasta que se convierten en adultos. El desarrollo de un insecto desde el huevo a la edad adulta es comúnmente conocido como su *ciclo de vida*. En el caso de la mayoría de las especies, cada etapa en el desarrollo produce algunos cambios de forma. El término científico para "cambio de forma" es *metamorfosis*.

Los insectos se dividen en tres grupos según cuánto cambien a lo largo de su ciclo de vida:

Grupo 1 Insectos que no sufren ningún cambio, excepto en su tamaño ("grupo sin metamorfosis")

Grupo 2 Insectos que sufren cambios parciales (grupo de la "metamorfosis parcial")

Grupo 3 Insectos que sufren cambios completos (grupo de la "metamorfosis completa")

GRUPO 1 INSECTOS QUE NO SUFREN NINGÚN CAMBIO

Los insectos del grupo que "no sufre ningún cambio" salen de sus huevos como copias pequeñas de sus padres. Los insectos jóvenes no cambian mucho de forma o color a medida que envejecen. Sólo cambian de tamaño. Cuando crecen demasiado para sus pieles, sufren una muda. Las especies de este grupo no tienen alas.

Los pececillos de plata son ejemplos de insectos que pertenecen al grupo que "no sufre cambios".

PECECILLO DE PLATA

Algunas especies de pececillos de plata viven dentro de las casas de los humanos y otros, al aire libre. El cuerpo del pececillo de plata está cubierto por pequeñísimas escamas que le dan al insecto una apariencia plateada y lo hacen resbaloso.

Luego de aparearse, la hembra deposita sus diminutos huevos en las grietas de la madera, si vive dentro de una casa, o entre plantas en descomposición que están en el suelo, si vive al aire libre.

Al igual que todos los insectos jóvenes del grupo que "no sufre ningún cambio", los pececillos de plata jóvenes se ven como adultos pequeños cuando nacen. A medida que crecen, tienen mudas.

El pececillo de plata joven se convierte en adulto cuando sus órganos reproductores están completamente formados y pueden comenzar a aparearse y poner huevos. A diferencia de otros insectos adultos, el pececillo de plata adulto continúa creciendo y tiene mudas hasta que muere.

Ciclo de vida del pececillo de plata

(9 veces más grande que su tamaño real)

GRUPO 2 INSECTOS QUE SUFREN CAMBIOS PARCIALES

Los insectos del grupo de "cambios parciales" pasan por tres etapas principales en su desarrollo: huevo, insecto joven (llamado *ninfa*) y adulto. Algunos ejemplos de insectos en este grupo son los saltamontes, las libélulas y las cigarras.

La mayoría de los insectos adultos del grupo de "cambios parciales" tienen alas.

Las ninfas de los insectos que pertenecen al grupo de "cambios parciales" sufren cambios de tamaño, proporción corporal, y a veces cambios de color desde que salen del huevo hasta que se convierten en adultos. Estos cambios se producen cada vez que tienen una muda.

Escarabajo de los cítricos

Observa los cambios en la proporción del cuerpo, el color y el tamaño desde la etapa de ninfa a la de adulto.

ninfa joven
(sin brotes de alas)

ninfa mayor
(brotes de alas visibles)

adulto

Cuando una ninfa sale del huevo no tiene alas, pero después de tener varias mudas, aparecen los brotes de alas. Con cada muda, los brotes de alas se vuelven más grandes, pero las ninfas nunca vuelan. Las alas de tamaño completo se desarrollan antes de que las ninfas tengan su última muda. Cuando se produce la última muda, sale un adulto con alas completamente desarrolladas de la piel de la ninfa.

Las ninfas de la mayoría de los tipos de insectos que pertenecen al grupo de "cambios parciales" se parecen a sus padres cuando salen del huevo, excepto que son muy pequeñas y no tienen alas. Los saltamontes son ejemplos de insectos típicos que pertenecen al grupo de "cambios parciales".

Saltamontes de cuerno corto

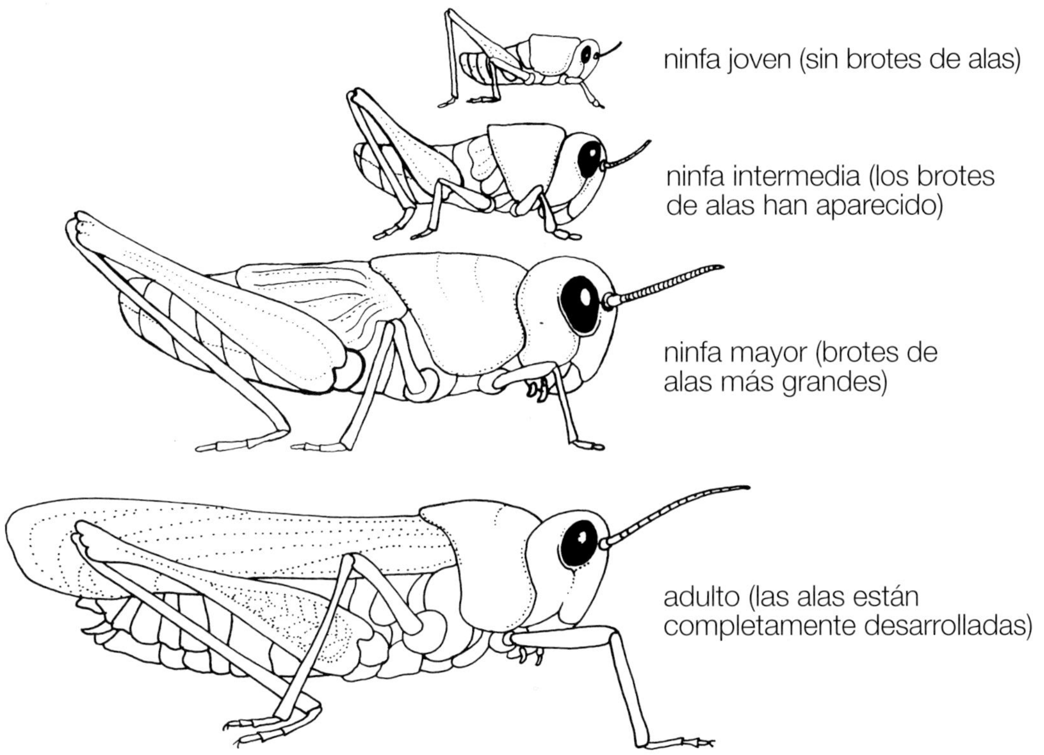

SALTAMONTES DE CUERNO CORTO

Los saltamontes de cuerno corto generalmente son llamados langostas. Viven y se reproducen en la mayor parte del mundo durante los meses de calor. Las etapas del desarrollo de la ninfa del saltamontes de cuerno corto desde el nacimiento hasta la edad adulta son similares a las de la mayoría de las especies que pertenecen al grupo de "cambios parciales".

El huevo

Inmediatamente después de aparearse, el saltamontes de cuerno corto hembra se prepara para poner sus huevos. Usa su fuerte ovipositor para hacer un orificio en la tierra. Su abdomen se expande mientras trabaja para que el orificio sea lo más profundo posible. La hembra deposita sus huevos en el fondo del orificio, y luego los rocía con una sustancia pegajosa para mantenerlos unidos. Esta sustancia se endurece dentro de una cubierta a prueba de agua llamada *vaina*, que mantiene los huevos secos. Una vez que los huevos están puestos, el saltamontes hembra cubre la abertura del orificio con tierra para proteger los huevos de los depredadores.

La ninfa

Cuando las diminutas ninfas del saltamontes salen del huevo, juntan sus fuerzas para romper un extremo de la vaina. Después salen a la superficie del suelo y se alejan a saltos para comenzar a alimentarse. Al igual que sus padres, las ninfas del saltamontes comen pasto y otras clases de plantas.

La ninfa recién nacida de un saltamontes parece una pequeña copia de un adulto, excepto que no tiene alas. Los pequeños brotes de alas aparecen después de la segunda muda y crecen con cada cambio. La ninfa tiene cinco o seis mudas antes de desarrollarse completamente.

El adulto

Cuando se desarrolla por completo, la ninfa del saltamontes está lista para la última muda. Cuando la piel de ninfa se quiebra y se desprende, el saltamontes adulto aparece con las alas desarrolladas por completo. Al principio, las alas son suaves y quebradizas, pero a medida que la sangre corre por las venas, crecen y se endurecen. Ahora el saltamontes adulto está listo para volar y reproducirse.

Ciclo de vida del saltamontes de cuerno corto

(Tamaño real)

saltamontes macho y hembra apareándose

adulto con alas completamente desarrolladas saliendo de la piel de la etapa final de ninfa

ninfa mayor con piel recién cambiada (las protuberancias de alas han aparecido)

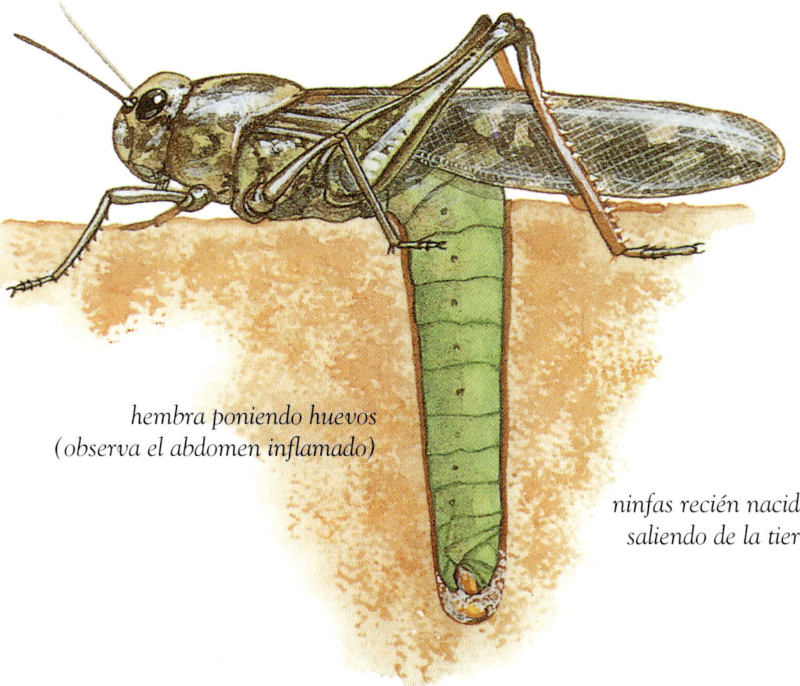

hembra poniendo huevos (observa el abdomen inflamado)

ninfas recién nacidas saliendo de la tierra

ninfas jóvenes (sin brotes de alas)

Las ninfas de los tipos más comunes de insectos que pertenecen al grupo de "cambios parciales" no se parecen en nada a sus padres. En el caso de estos insectos, los cambios más importantes se producen dentro del cuerpo de la ninfa antes de su última muda. El insecto adulto que sale de la última piel de ninfa se ve muy distinto de las ninfas y vive de manera completamente diferente. Las libélulas y las cigarras son ejemplos de insectos atípicos que pertenecen al grupo de "cambios parciales".

LIBÉLULA

Hay libélulas en la mayor parte del mundo. Viven cerca de lagunas de agua dulce, lagos y arroyos.

El huevo

Las libélulas se reproducen durante los meses de calor. El método para poner huevos varía según la especie. En la mayoría de los casos, la libélula hembra se posa en la parte baja de una planta que crece en el agua y deposita sus huevos en el tallo, debajo del nivel de agua. En otros casos, la libélula hembra usa su ovopositor para hacer pequeños cortes en el tallo sobre el nivel del agua y deposita sus huevos en esas ranuras. Las hembras de algunas especies vuelan sobre el agua y ponen sus huevos directamente en ella. Los huevos se hunden en el lodo o la arena del fondo.

La ninfa

Después de cinco a quince días, las ninfas salen de los huevos. Las que nacen de los huevos ubicados en los tallos de las plantas se deslizan hacia abajo hasta llegar al fondo del agua para comenzar a alimentarse. Las ninfas que nacen en el lodo o la arena del fondo comienzan a buscar alimento de manera inmediata. Las ninfas de libélula agrandan una parte especial de la boca, conocida como *máscara*, para cazar a su presa. Comen peces diminutos, renacuajos, larvas de mosquito y ninfas de otros insectos. Tienen mudas a medida que crecen.

Las ninfas de libélula respiran a través de branquias, que transportan oxígeno desde el agua. Las ninfas de libélulas son comúnmente conocidas como *náyades* porque viven en el agua. La palabra *náyade* significa "ninfa de agua".

Ciclo de vida de la libélula

(Tamaño real)

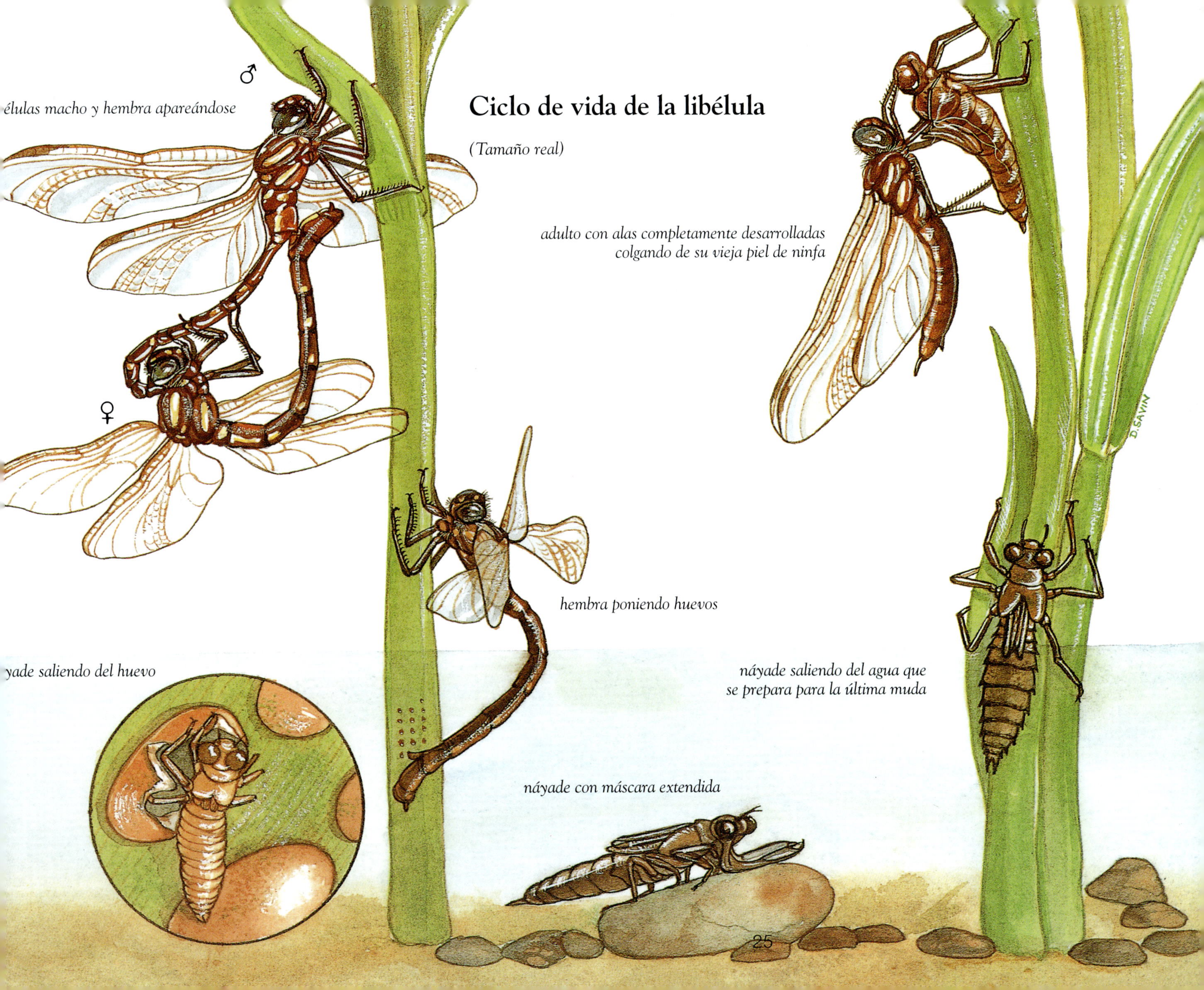

Una náyade de libélula puede tardar de uno a cinco años en desarrollarse por completo. Luego deja de alimentarse y se posa tranquilamente en un lugar mientras se completan los cambios que se han estado produciendo lentamente dentro de su cuerpo. Por último, cuando hay pocos depredadores cerca, durante la noche, la náyade sube por el tallo hasta poder volar. Ahora está lista para su última muda.

El adulto

Después de salir del agua, la náyade reposa colgada del tallo durante algunas horas. Luego su piel se quiebra por el dorso y sale la libélula adulta. Gira y queda colgada de su vieja piel.

Al principio la libélula es pálida e indefensa, y sus alas son suaves y quebradizas. La sangre bombea por las venas de sus alas y éstas se hacen cada más grandes y fuertes. El abdomen del insecto se alarga y su blando y pálido cuerpo se endurece y toma color.

Cuando el sol de la mañana ya ha calentado el aire, las alas de la libélula están bastante firmes. Ahora la libélula adulta está lista para alimentarse y aparearse.

Derecha: Piel vieja de náyades de libélula
Enfrente: Una libélula recién salida cuelga de su vieja piel de ninfa mientras sus alas se expanden y su cuerpo se alarga, se endurece y toma color.

CIGARRA

Las cigarras viven en casi todas las partes del mundo. Los sonidos agudos y vibrantes que producen los machos para atraer a las hembras se escuchan normalmente durante el verano.

El huevo

Después de aparearse, la cigarra hembra deposita hileras de huevos en arbustos o en la parte alta de los árboles. El insecto realiza cortes en las ramas con su ovipositor fuerte y afilado y deposita los huevos en esas ranuras. Los huevos tardan aproximadamente seis semanas en romperse.

La ninfa

Cuando salen del huevo, las diminutas ninfas de cigarra no tienen más que el tamaño de una cabeza de alfiler. Caen al piso y cavan un orificio en la tierra. Las ninfas se alimentan al perforar las raíces de los árboles con su probóscide para succionar la savia. Las ninfas de cigarra suelen vivir en la tierra durante varios años y tienen mudas a medida que crecen. Las ninfas de algunas especies de cigarra de América del Norte viven en la tierra entre trece a diecisiete años antes de salir.

Para el momento en el que la ninfa ya está completamente desarrollada, se han producido cambios importantes dentro de su cuerpo. Las alas del adulto y las patas que usa para escalar, más que para cavar, se forman bajo su piel de ninfa. Ahora la ninfa está lista para su última muda. Cava hacia la superficie de la tierra y sube a un arbusto o un árbol. Esto a menudo sucede durante la noche.

El adulto

Inmediatamente después de que la ninfa de cigarra ha ocupado su lugar en el arbusto o el árbol, su piel se quiebra por el dorso y sale la cigarra adulta. La sangre bombea por las venas de sus alas suaves y quebradizas y hace que se desplieguen. Una vez que las alas se han fortalecido, la cigarra puede volar para comenzar su vida de adulto.

Ciclo de vida de la cigarra

(Tamaño real)

cigarras macho y hembra apareándose

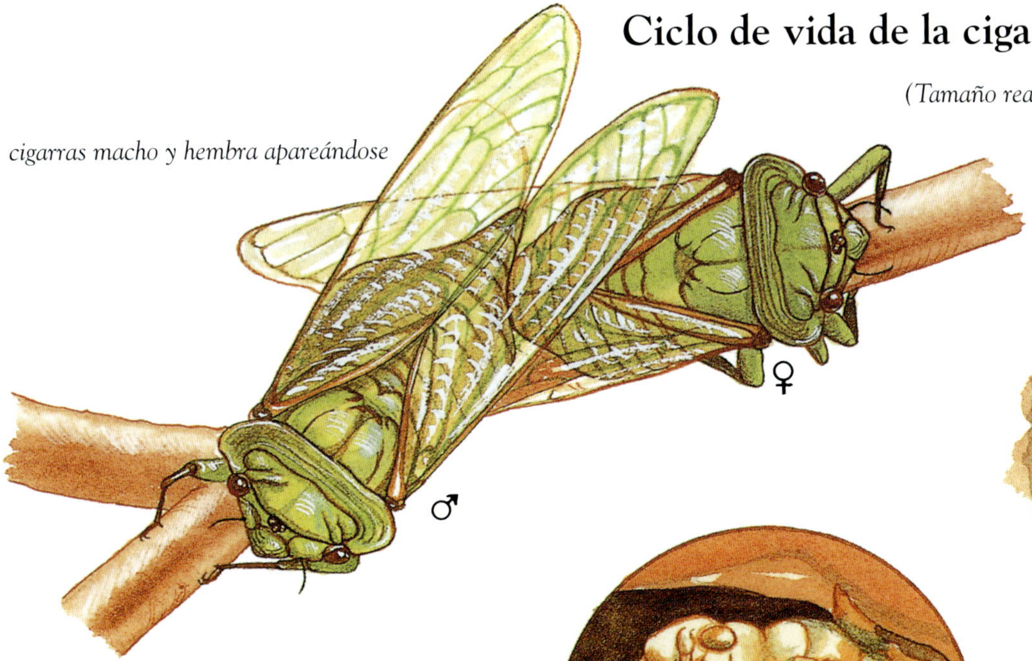

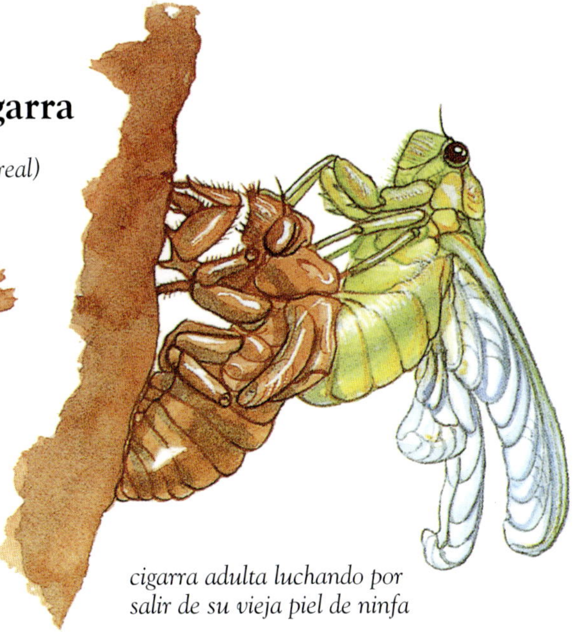

cigarra adulta luchando por salir de su vieja piel de ninfa

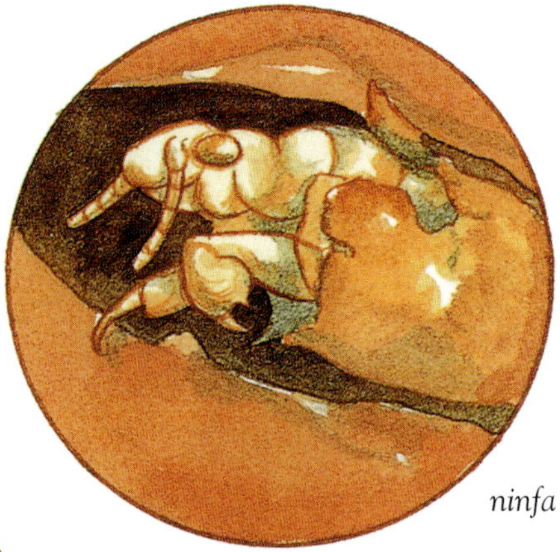

ninfa saliendo del huevo

ninfa completamente desarrollada cavando hacia la superficie (observa las patas delanteras adaptadas para cavar)

ovipositor

hembra poniendo huevos

ninfas recién nacidas enterrándose en la tierra

GRUPO 3 INSECTOS QUE SUFREN CAMBIOS COMPLETOS

Muchas clases de insectos pasan por cuatro etapas principales durante el desarrollo de su ciclo de vida: huevo, larva, pupa y adulto. Este desarrollo de cuatro etapas se conoce como *metamorfosis completa*. Dos ejemplos de insectos que sufren un "cambio completo" durante su ciclo de vida son las mariposas y los escarabajos.

Las crías de insectos que pertenecen al grupo de "cambio completo" no se parecen en nada a sus padres en cualquier etapa de su desarrollo. Las crías que nacen de los huevos de estos insectos se llaman *larvas*. Muchos tipos de larvas han recibido nombres comunes. Las larvas de mariposa se llaman *orugas*. Las larvas de escarabajos, que viven debajo de la tierra o en los troncos y las ramas de los árboles, son comúnmente conocidas como *larvas*.

Las larvas de todos los insectos que pertenecen al grupo de "cambio completo" se transforman en *pupas*. Cada especie tiene su propio tipo especial de pupa. Cuando el insecto se encuentra en la fase de pupa, se producen cambios extraordinarios dentro de su cuerpo. Cuando finalmente se rompe la pupa, sale un insecto adulto completamente desarrollado.

Larva de escarabajo

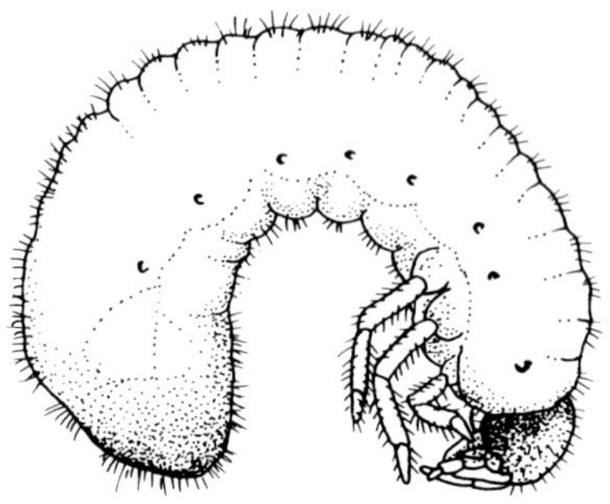

Oruga de mariposa

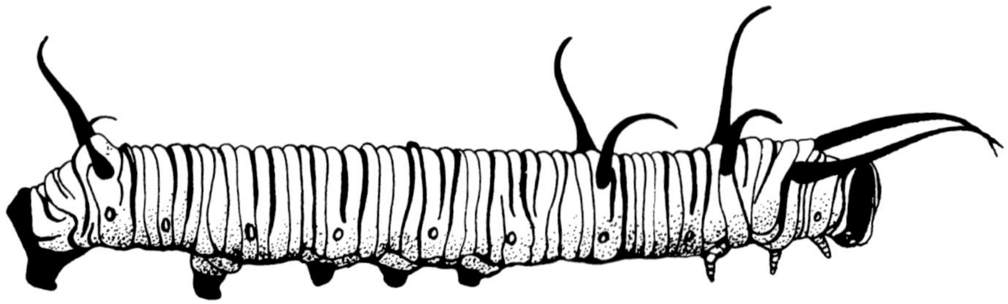

Mariposa monarca

MARIPOSA MONARCA

Decenas de millones de mariposas monarca migran a través de América del Norte cada año. La mariposa monarca viaja a distintas partes del mundo a una velocidad de hasta ochenta millas (130 kilómetros) por día. En Australia, esta mariposa es conocida como mariposa vagabunda.

El huevo

Después de aparearse, la mariposa monarca hembra pone sus huevos en la parte inferior de las hojas de la planta de algodoncillo. Los algodoncillos son las únicas plantas de las que se alimentan las orugas de mariposa monarca. Debajo de las hojas, los huevos están protegidos del clima y los depredadores.

La larva

Después de un par de semanas, las larvas salen de los huevos. Al igual que las demás orugas, la oruga de mariposa monarca tiene mandíbulas fuertes para masticar hojas, tallos y flores. También tiene un gran apetito porque debe almacenar grasa y otras sustancias en su cuerpo para nutrirse cundo se convierta en pupa.

A medida que crece y su piel se vuelve muy tensa, la oruga tiene mudas.

Cuando la oruga está a punto de completar su desarrollo, comienzan a producirse cambios extraordinarios por dentro. La cabeza, los ojos, el aparato bucal succionador y las alas de la mariposa comienzan a formarse *dentro* del cuerpo de la oruga.

Cuando la oruga está completamente desarrollada, deja de comer y teje una pequeña almohadilla de seda sobre un tallo. Los hilos de seda vienen de un órgano hilandero ubicado en el labio inferior. La oruga ajusta sus patas traseras (valvas) a la almohadilla de seda y queda suspendida, cabeza abajo, en el aire. Inmediatamente después la oruga tiene su última muda.

La pupa (crisálida)

Durante la última muda, la piel se rompe y se desprende. La nueva piel que está debajo es muy diferente de la piel que se ha caído. Se le llama piel de pupa. La piel de *pupa* es verde con puntos dorados. La pupa en desarrollo gira y se sacude durante algún tiempo mientras se producen los cambios. Luego, la piel de pupa se endurece.

Dentro de la piel de pupa, algunas partes del cuerpo de la oruga se descomponen para formarse nuevamente en partes del cuerpo de la mariposa. A medida que la mariposa crece, sus patas, alas y cabeza ejercen gran presión contra la pared interior de la pupa, permitiendo obervar su contorno desde afuera. La pupa (crisálida) se queda quieta. No puede moverse ni alimentarse.

El adulto

Cuando la mariposa está completamente desarrollada, la crisálida se rompe y sale una mariposa suave y con alas quebradizas. La mariposa permanece colgada de su crisálida vacía mientras enrosca y desenrosca su probóscide. La sangre bombea por las venas de sus alas y éstas se despliegan.

Cuando la cubierta del cuerpo de la mariposa se ha endurecido y sus alas están firmes, el insecto bota todos los fluidos de desecho fuera de su cuerpo. Ahora la mariposa adulta está lista para volar, alimentarse y aparearse.

Ciclo de vida de la mariposa monarca

(Tamaño real)

ESCARABAJO DE NAVIDAD

El escarabajo de navidad (*Anoplognathus pallidicollis*) es un insecto de colores brillantes que vive en Australia. Se lo conoce como escarabajo de navidad porque los adultos recién desarrollados salen de sus crisálidas que se encuentran en la tierra cerca de navidad, que en Australia es a principios del verano.

Al igual que todos los escarabajos, el escarabajo de navidad tiene un exoesqueleto duro y brillante y dos pares de alas que son muy distintos el uno del otro. Las alas traseras del escarabajo se usan para volar. Las alas frontales, conocidas como *cubiertas de alas*, son duras y brillantes como el exoesqueleto y se usan para proteger las delicadas alas traseras cuando el escarabajo no vuela. Cuando las cubiertas de alas están cerradas le dan al escarabajo una apariencia muy compacta y blindada.

El huevo

Después de aparearse, el escarabajo de navidad hembra pone sus huevos en la superficie de la tierra.

La larva

Cuando las larvas salen de los huevos, se entierran y comienzan a buscar alimento. Las larvas de escarabajo de navidad tienen mandíbulas fuertes para masticar las raíces de las plantas. Le lleva meses a una larva desarrollarse por completo. Tienen mudas a medida que crecen.

La pupa

Cuando la larva está completamente desarrollada, construye una pequeña celda en la tierra. Presiona de manera muy firme la tierra que forma las paredes de su celda. Luego se convierte en pupa dentro de la celda.

El adulto

Cuando el escarabajo adulto se desarrolla completamente dentro de su pupa, ésta se rompe y de allí sale un escarabajo adulto que cava un orificio en la tierra. Inmediatamente despliega sus alas y vuela para alimentarse y aparearse.

Ciclo de vida del escarabajo de navidad

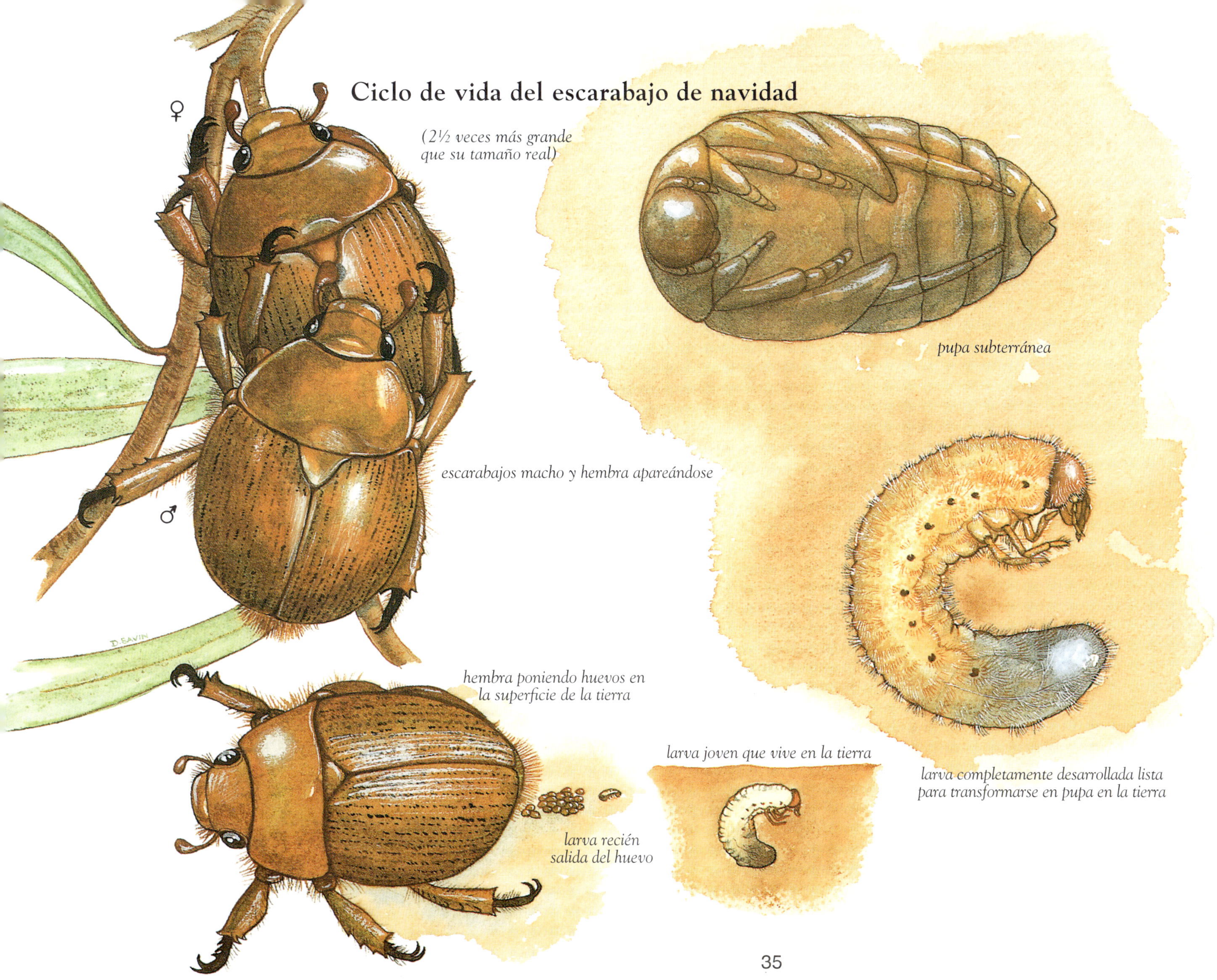

3 COMPORTAMIENTO DE LOS INSECTOS

Todos los insectos tienen patrones de comportamiento que les ayudan a sobrevivir. Su conocimiento de lo que quieren comer, cómo producir sonidos y cómo protegerse lo heredan de sus padres y se encuentra en el sistema nervioso de cada insecto. Como estos patrones de comportamiento son algo interno, los insectos responden de manera automática a lo que sucede a su alrededor en cada etapa de su desarrollo.

Larva de escarabajo tigre (esperando a su presa)

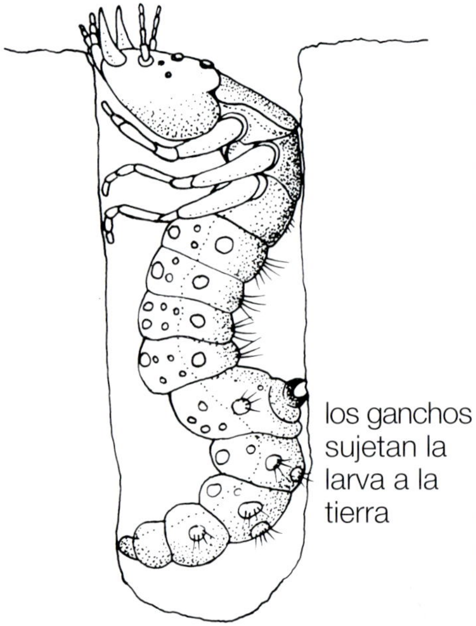

CAZA DE PRESAS

Muchos insectos son *carnívoros*. Esto significa que cazan y se alimentan de otros animales.

LARVA DE ESCARABAJO TIGRE

La larva de escarabajo tigre es un depredador feroz. La larva espera a su presa dentro un hueco en la tierra, y sus mandíbulas afiladas y curvas atrapan cualquier criatura pequeña que pase a su alcance. Un par de ganchos afilados en la parte baja de la espalda de la larva la sujeta a la tierra y evita que la presa la arrastre hacia afuera.

MANTIS RELIGIOSA

La mantis religiosa mueve su cabeza libremente para buscar sus presas. Cuando un insecto está cerca, las dos patas frontales de la mantis se mueven con gran rapidez para atrapar a la víctima. Las hileras de espinas afiladas ubicadas en la parte de abajo de sus patas sujetan a la víctima de manera firme. La mantis come a su presa viva, parte por parte.

Mantis religiosa en reposo, lista para atacar (observa las agujas puntiagudas en las patas delanteras)

NÁYADE DE LIBÉLULA

La máscara de la náyade de libélula es un órgano poco común para atrapar presas. Esta parte bucal especial extra es como un brazo desplegable con un par de tenazas en forma de garra en el extremo. Tan pronto como se acerque su alimento (tal como un pez muy pequeño o una larva de mosquito), la máscara se extiende hacia adelante para atrapar a la víctima con sus tenazas. La máscara trae el alimento hacia las fuertes mandíbulas de la náyade. Cuando la máscara no se usa, se pliega debajo de la cabeza de la náyade.

Cabeza de náyade de libélula, con máscara

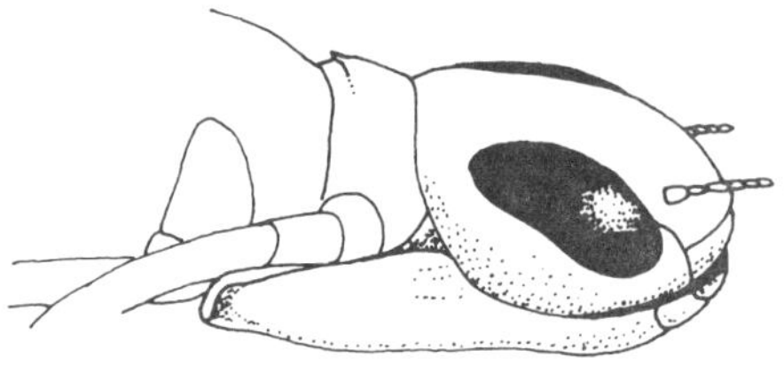

Vista lateral

máscara plegada debajo de la cabeza de la náyade

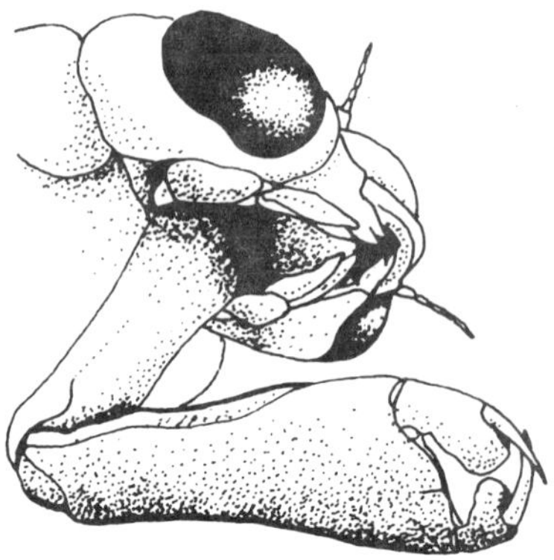

Vista desde abajo

máscara extendida para atrapar presas

Enfrente: Náyade de libélula bajo el agua, sobre el tallo de una planta La máscara está plegada debajo de la cabeza de la náyade.

ENGAÑAR AL ENEMIGO

CAMUFLAJE

El color o la forma de muchos insectos les ayuda a confundirse con su entorno. Este tipo de disfraz se llama camuflaje. El camuflaje ayuda a muchos insectos a sobrevivir porque hace que sus enemigos no los vean fácilmente.

Algunas especies de polillas tienen dibujos en las alas parecidos a la corteza de los árboles sobre los que se posan.

Los insectos palo puede ser fácilmente confundidos por las ramas y las hojas de los arbustos sobre los que se posan.

Algunas especies de larvas de león de áfidos viven en colonias de áfidos y se alimentan de éstos. Usan métodos de camuflaje poco comunes para evadir a sus enemigos. La espalda de la larva del león de áfidos está cubierta por pelos. Una vez que succiona los jugos del áfido, la larva pega la piel vacía del áfido a su propia espalda. Cuando ha recolectado una cierta cantidad de pieles vacías, se vuelve menos visible para sus enemigos.

La larva de la polilla de estuche teje un "capullo" de seda o "bolsa" dentro del cual vive. Mientras teje, sujeta ramitas, cortezas de árbol u hojas al exterior como camuflaje.

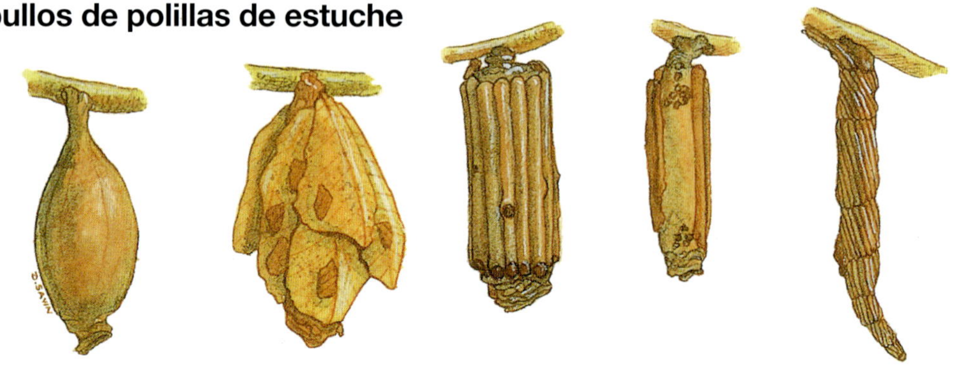

Capullos de polillas de estuche

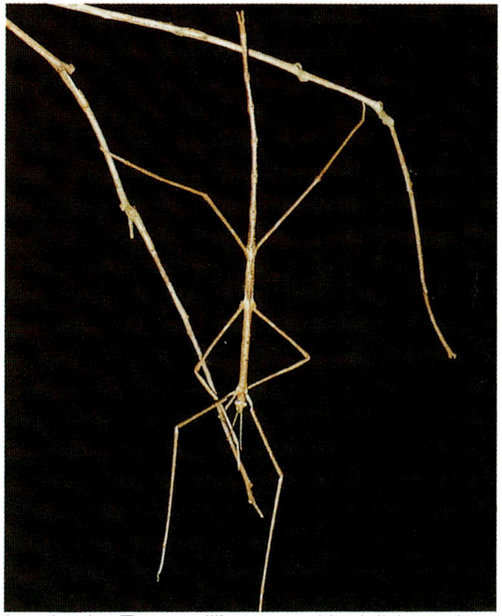

Izquierda: Esta polilla es casi invisible en la corteza sobre la que reposa.
Inferior derecha: Un insecto palo se confunde con las ramas sobre las que espera a su presa.
Superior derecha: Esta especie de larva de león de áfidos pega cera de insectos hemípteros, en vez de pieles de los áfidos, a su erizada espalda como camuflaje.

COLORACIÓN DE ADVERTENCIA

Los dibujos de colores brillantes de muchos insectos son una señal de peligro para que los depredadores se mantengan alejados. Los insectos de colores brillantes pueden tener aguijones venenosos o ser capaces de lanzar chorros venenosos a sus depredadores.

Pueden picar a un depredador con buena vista (como un ave o un mamífero) que intenta comer a uno de estos insectos de color. El depredador aprende a reconocer inmediatamente la coloración de advertencia y deja a esta especie de insecto tranquila.

Las rayas amarillas y negras de algunas avispas son un ejemplo de coloración de advertencia. Estas avispas tienen un aguijón que causa mucho dolor.

El color brillante de una mariquita avisa a los depredadores que no es buena presa para comer. Cuando una mariquita es atacada, despide un líquido con mal sabor que sale de la unión de sus patas.

Muchos tipos de orugas de polilla usan una coloración de advertencia, como también pelos punzantes para protegerse de los depredadores. Cuando un depredador toca una oruga, sus pelos punzantes se extienden para defenderse de su atacante.

Coloración de advertencia y pelos punzantes de una oruga de polilla

Arriba: El color brillante de una mariquita avisa a los depredadores que no es buena presa para comer.
Abajo: Esta avispa de colores brillantes tiene un aguijón que causa mucho dolor.

4 INSECTOS COMO SOBREVIVIENTES

Los insectos son las criaturas más exitosas cuando se trata de supervivencia sobre la Tierra. Una razón es que la mayoría de los insectos son muy pequeños. Pueden vivir en espacios que son muy reducidos para otras criaturas. Los mineros de hojas, por ejemplo, viven entre las delgadas paredes de las hojas.

Otra razón es que la mayoría de los insectos adultos tienen alas. Esto les permite escapar de sus depredadores y volar grandes distancias para buscar alimento y aparearse. La mayoría de los insectos ponen tantos huevos que con seguridad algunas de sus crías sobrevivirán hasta la edad adulta para reproducirse.

Sin embargo, tal vez la razón principal por la que los insectos son tan exitosos en su lucha por sobrevivir es que pueden adaptarse a vivir en una gran variedad de hábitats. Los insectos se encuentran en casi todos los lugares de la Tierra (en un basural helado, en desiertos muy calurosos, en bosques, en llanuras con pastizales, en la cima de altas montañas, en cavernas profundas, en ríos de agua dulce y lagos, en jardines y casas, y hasta en la superficie de los océanos). El único lugar donde los insectos no pueden sobrevivir es bajo el agua en los mares y océanos salados.

La libélula vuela grandes distancias para alimentarse y aparearse.

CUADRO DEL CICLO DE VIDA

El siguiente cuadro tiene un listado de los tipos de insectos que pertenecen a cada grupo del ciclo de vida.

1 GRUPO "SIN CAMBIOS"	2 GRUPO DE "CAMBIOS PARCIALES"	3 GRUPO DE "CAMBIOS COMPLETOS"
pececillo de plata	insectos (incluye chinches de agua)	hormigas
colémbolos	cigarras	abejas
	cucarachas	escarabajos
	grillos	mariposas
	libélulas	pulgas
	tijeretas	moscas
	saltamontes	león de áfidos
	chicharritas	mosquitos
	piojos	polillas
	mantis	avispas
	efímeras	
	insectos palo	
	pez piedra	
	termitas	

ÍNDICE

Nota: Los números de páginas en cursiva se refieren a la información provista únicamente en las fotografías, ilustraciones o pies de fotos.